एहसासों की धारा

माँ, रिश्तों और जीवन पर कविताएँ

Sarika Agarwal

BookLeaf Publishing
India | USA | UK

Made with ❤ on the BookLeaf Publishing Platform
www.bookleafpub.in
www.bookleafpub.com

Dedication

इस पुस्तक को समर्पित करती हूँ–

‘ममता ही जीवन की सबसे बड़ी शक्ति है।’
माता-पिता को, जिनकी ममता और मार्गदर्शन ने मेरी दुनिया संवारी,
और जिन्होंने मुझे वह सब कुछ करने दिया, जो मैं दिल से चाहती थी।

‘प्रेम और हौंसला जीवन को रंग देते हैं।’
पति को, जिन्होंने हर कदम पर मेरा मार्गदर्शन किया,
और मुझे जीवन में कुछ कर दिखाने का हौंसला दिया।

‘बच्चों की हँसी और साथ जीवन को रोशन करते हैं।’
मेरे बच्चों-सुमेघा, मानसी, सम्भव और शशांक,
जिन्होंने मेरे जीवन को प्रेम, हँसी और प्रेरणा से भर दिया।

‘रिश्तों की गहराई समझने से जीवन सुंदर बनता है।’
प्रियजनों को, जिन्होंने हर रिश्ते की गहराई समझने की राह दिखाई,
और अपने प्यार और आशीर्वाद की छाँव में रखा।

‘ज्ञान और अनुकंपा से ही आत्मा चमकती है।’
अपने गुरुओं को, जिनकी अनुकंपा हमेशा मुझे प्राप्त हुई।

‘साथ बिताए हर पल यादगार होते हैं।’
मेरे प्रिय दोस्तों को, जिनके साथ मैंने अपने सुख-दु:ख के पल साझा किए,

और जिन्होंने मेरे जीवन में रंग घोले।

'जीवन की अदृश्य धाराएँ ही हमारे विचारों को आकार देती हैं।'
और जीवन की अदृश्य धाराओं को, जिन्होंने मेरे विचारों और भावनाओं को आकार दिया।

आप सभी की मौजूदगी और प्रेम ने मेरी कविताओं में जीवन की खुशबू और रंग भर दिए हैं।

Preface

मेरे मन की बात...

जीवन के हर पल में भावनाएँ और एहसास हमारी सबसे बड़ी पूँजी हैं।
'एहसासों की धारा' इसी पूँजी का प्रतिबिंब है-मेरी भावनाओं, यादों और जीवन के छोटे-छोटे अनुभवों से उपजा यह संग्रह।

माँ की ममता, पिता का मार्गदर्शन, परिवार का प्रेम, बच्चों की हँसी और मित्रों के साथ बिताए पल-इन सबने मुझे यह कविताएँ लिखने के लिए प्रेरित किया। यह किताब मेरे दिल के भावों का संगम है। जब मेरे पिता बीमार थे, उसी समय मैंने लिखना शुरू किया। अब जबकि यह पुस्तक प्रकाशित हो रही है, वे हमारे बीच नहीं हैं, पर उनकी यादें हर कविता में जिंदा हैं।"

इन कविताओं में मैंने जीवन के प्रति अपने प्रेम, अपने आनंद और कभी-कभी जीवन की कठिनाइयों को व्यक्त करने की कोशिश की है। हर पंक्ति में जीवन के अनुभवों का रंग और भावनाओं की मिठास समाहित है।

कविता मेरे लिए केवल शब्दों का खेल नहीं है, बल्कि जीवन को महसूस करने, उसे समझने और व्यक्त करने का माध्यम है।
जब हम अपने जीवन की छोटी-छोटी घटनाओं, खुशियों और दुखों को महसूस करते हैं, तो वही हमारी रचनाओं की असली प्रेरणा बनती हैं।

इसलिए इस संग्रह की हर कविता में मैंने यह कोशिश की है कि पाठक अपने अनुभवों और जीवन की वास्तविकताओं को पहचान सकें। कुछ कविताएँ मेरे व्यक्तिगत अनुभवों से उपजी हैं-जीवन की खुशियों, सपनों और कठिनाइयों की गूँज को महसूस करती हैं।
कुछ रिश्तों, परिवार और मित्रों के साथ बिताए पल की यादों से प्रेरित हैं।

हर कविता की पंक्ति में यह संदेश है कि जीवन की हर भावना, चाहे खुशी हो या पीड़ा, हमें संवारे और हमें इंसान बनाएं।
इस पुस्तक का उद्देश्य केवल मेरी कविताओं को साझा करना नहीं है, बल्कि जीवन के अदृश्य पहलुओं और एहसासों को पाठकों तक पहुँचाना है।

मेरा विश्वास है कि इसे पढ़कर पाठक भी अपने जीवन के अनछुए अनुभवों और भावनाओं को महसूस कर सकेंगे।

अंततः, यह संग्रह केवल मेरी लेखनी का परिणाम नहीं है, बल्कि जीवन की उन अनमोल भावनाओं का प्रतिबिंब है, जिन्होंने मुझे संवारा, मेरे विचारों को दिशा दी और मेरे हृदय को आकार दिया। मैं यही आशा करती हूँ कि पाठक इसे पढ़कर अपनी भी जीवन यात्रा में यही एहसासों की धारा महसूस करें। जीवन, रिश्तों और अनुभवों की यह यात्रा मेरे हृदय से आपके हृदय तक पहुँचने का प्रयास है।

और यही मेरी कविताओं का सबसे बड़ा उद्देश्य और सार है- भावनाओं का आदान-प्रदान और जीवन के अनमोल पल को महसूस करना।

Acknowledgements

इस पुस्तक को पूरा करने में मुझे अनेक लोगों का प्रेम, मार्गदर्शन और सहयोग प्राप्त हुआ है, जिनके बिना यह संभव नहीं होता।

सबसे पहले, मैं स्वयं को ईश्वर की असीम अनुकम्पा का सदैव पात्र मानती हूँ। ईश्वर ने मुझे मेरी औकात से बढ़कर दिया है। उन्हीं की कृपा से मेरे मन में शुद्ध विचार आए और उन्हीं की कृपा से मुझे यह मार्ग सूझा कि इन भावों को आप सभी तक पहुँचा सकूँ। यदि इस पुस्तक के शब्द किसी के हृदय को स्पर्श कर पाएँ, तो उसका सम्पूर्ण श्रेय उसी परम सत्ता को जाता है, जो हर सृजन के मूल में विद्यमान है।

मैं अपने माता-पिता का हृदय से धन्यवाद करती हूँ, जिनकी ममता, प्रेरणा और मार्गदर्शन ने मुझे जीवन की राह दिखाई। उनके आशीर्वाद और विश्वास ने मेरे विचारों को आकार दिया और मेरी लेखनी को गति दी।

मैं अपने पति का भी आभार व्यक्त करती हूँ, जिन्होंने हर कदम पर मेरा साथ दिया, मुझ पर विश्वास रखा और मेरा हौसला बनाए रखा। उनके प्रेम
और समझदारी ने मुझे सदैव आगे बढ़ने की प्रेरणा दी।

मेरे बच्चों सुमेघा, मानसी, सम्भव और शशांक का विशेष धन्यवाद, जिन्होंने मेरी छोटी-छोटी खुशियों और प्रयासों को समझा, मुझे प्रेरित किया और अपने प्रेम व हँसी से मेरे जीवन को रोशन किया।

मैं अपने गुरुओं और शिक्षकों की भी आभारी हूँ, जिनकी अनुकम्पा, मार्गदर्शन और शिक्षाओं ने मुझे सही दिशा दिखाई और मेरे विचारों को निखारा।

मेरे प्रिय मित्रों को धन्यवाद, जिन्होंने मेरे सुख-दु:ख के पलों में मेरा साथ दिया, मेरी रचनाओं को समझा और मेरे लेखन में सदैव प्रेरणा का स्रोत बने।

साथ ही, मैं उन सभी अनुभवों और जीवन की अदृश्य धाराओं की भी आभारी हूँ, जिन्होंने मुझे ये कविताएँ लिखने के लिए प्रेरित किया। इस पुस्तक के प्रत्येक शब्द में उनका योगदान, उनकी स्मृतियाँ और उनका प्रभाव समाहित है।

अंततः, मैं प्रत्येक पाठक का हृदय से धन्यवाद करती हूँ, जो मेरी कविताओं को पढ़ेंगे और उन्हें अपने मन में स्थान देंगे। आपका प्रेम और सराहना ही मेरी लेखनी की सबसे बड़ी प्रेरणा है।
इस पुस्तक के निर्माण में प्राप्त सभी सहयोग, प्रेम और मार्गदर्शन के लिए मैं हृदय से कृतज्ञ हूँ।

अनुक्रमणिका

माँ का एहसास

माँ होना एक एहसास है जिसे मैं हर रोज़ जीती हूँ,
सींचती हूँ, संजोती हूँ, हर पल उसे पिरोती हूँ।
माँ सिर्फ़ माँ नहीं वो सखी है, वो सहारा है,
दिल का वो कोना है जहाँ दुनिया बसती है।

माँ बच्चों की तकलीफ़ें बाँटती, गलती पर डाँटती है,
कुछ गलत हो जाए तो छुपाती, अच्छे पर जताती है।
हर पल को जीती है साहब, हँसती और सहती है,
सबके लिए मज़बूत दिखे, पर चुपके से रो लेती है।

यूँ तो सब प्यार जताते हैं, पर माँ का प्यार निराला है,
नौ महीने पहले गहराता है, बन जाता ढाल सा प्याला है ।
इस एहसास को कोई समझे, यह इतना आसान नहीं,
खुद माँ बनने तक जीवन यह सिखलाता नहीं।

खुद माँ बनने के बाद ही अपनी माँ समझ आती है,
त्याग की वो अनकही कहानी तब नज़र आती है।
क्यों उसकी नींद हल्की रहती, दुआओं में नाम,
क्यों अपने सपनों से पहले बच्चों का रखती मान।

वो अपने सपनों को चुपचाप मन में समेट लेती है,
बच्चों की उड़ान में ही अपनी दुनिया देख लेती है।
थकती है पर कहती नहीं, दर्द कभी जताती नहीं,
उसका सुकून बस इसमें है - बच्चे मुस्कुराते रहें।

माँ का कोई पद नहीं, कोई पहचान नहीं होती,
माँ तो वो खुशबू है जो उम्र भर साथ रहती।
रिश्तों की हर राह में वो दीपक बन जाती,
अंधेरे में भी जीवन को रोशन कर जाती।

रिश्तों की गर्माहट

माँ–बाप का प्यार, जैसे आँगन में फैली ममता की छाँव,
जिसमें हर दुःख पिघल जाए, जैसे धूप को मिल जाए ठाँव।

भाई–बहन का संबंध, कभी खट्टी, कभी मीठी सी फुलझड़ियाँ,
रूठना–मनाना भी जैसे त्योहारों की रंगीन तैयारियाँ।

दोस्तों का स्नेह, जीवन में भरता हँसी के उजले रंग,
थकान भरे दिल को दे जाता मीठे सुकून का ढंग।

जीवन-साथी, जैसे प्राणों का आधा हिस्सा,
दुख–सुख में संग चले, हाथों में थामा विश्वास का किस्सा।

बच्चों का प्यार, ईश्वर की असीम अनुकंपा का रूप,
जिसे देख मन खिल उठे, जैसे ठंड में मिले नर्म धूप।

दादी–नानी का प्यार, बिना शर्त स्नेह की फुहार,
उन्हीं की कहानियों में बीती बचपन की कितनी रातें अपार।

शिक्षकों का मार्गदर्शन, जैसे ज्ञान की ज्योति,
भीतर के अंधकार में भी जो सही–गलत की राह दिखाती।

पड़ोसी का साथ, जैसे मिल जाए सहयोग और अपनापन,
छोटे-छोटे कामों में भी झलके सच्चा विश्वास और सम्मान।

रिश्तेदार, कभी सलाह, कभी हँसी का आलम,
घर को भर दें अपनत्व से, जैसे महकता फूलों का उपवन।

समाज का संग, जैसे उत्सवों और रंगों की बरसात,
जीवन को जोड़ता है, थामे अपनत्व का हाथ।

रिश्तों की गर्माहट, यही जीवन की सच्ची मिठास,
हर रिश्ता, हर एहसास, जीवन को बनाता खास।

स्त्री शक्ति, भक्ति और करुणा का अथाह सागर

स्त्री कभी चंडी ज्वाला, कभी काली बन संहार करती है,
दुष्टों का नाश करके धर्म की राह को साकार करती है।

अम्बा–दुर्गा बन भक्तों के काज सँवारती है,
महालक्ष्मी बन घर-आँगन में समृद्धि बरसाती है।

अन्नपूर्णा रूप में अन्न-भंडार सदा भरती है,
हर घर में आशीर्वाद और सुख–शांति की रौशनी फैलाती है।

गंगा बन पावन धारा से सब पापों को धो देती है,
जो भी श्रद्धा से ध्याए, उसे भवसागर से पार कर देती है।

तुलसी बन कृष्ण-भक्ति का अमृत देती है,
अपनी भक्ति से आँगन को पवित्र करती है।

शबरी-सी भक्त है, जो मीठे बेर खिलाती है,
मीरा-सी भक्ति में विष का प्याला पीकर अमर हो जाती है।

द्रौपदी-सा धैर्य धारण कर धर्म की ज्योति जगाती है,
ज़रूरत पड़े तो महाभारत का कारण भी बन जाती है।

स्त्री बहन–बेटी भी है, त्योहारों की रौनक कहलाती है,
अपने प्यार से घर-आँगन में संगीत की महक घोल जाती है।

जीवन-संगिनी बन राहों को सुगंधित कर जाती है,
पति की इज़्ज़त के लिए स्वेच्छा से सती भी हो जाती है।

यही शक्तिशाली, ममतामयी स्त्री कभी-कभी अबला नारी भी कही जाती है,
जब आँखों में मायूसी, अधरों पर बेबसी की लकीर उभर आती है।

यदि पुत्र न जन पाए, तो स्वयं को दोषी मानती है,
पर पति पर प्रश्न कभी न उठने दे, यह स्नेह की मर्यादा जानती है।

बच्चे संस्कारी हों, तो शाबाशी घर की परवरिश को मिलती है,
यदि राह से भटक जाएँ, तो सुनती है, "पता नहीं माँ ने कैसी शिक्षा दी।"

स्त्री तो एक ही है, रूप अनेक हैं उसके,
देखने का नज़रिया ही भिन्न-भिन्न है जग के।

कभी सूर्य-सी तपती अग्नि, तो कभी चाँद की शीतल हवा है।
धरती-सा धैर्य, समुद्र-सी विशालता, सब उसमें बसा है।

वह सृष्टि की धड़कन, घर की रौशनी,
जीवन की पहली दुआ है।

स्त्री ही संस्कृति, स्त्री ही आधार, स्त्री बिना सूना संसार।
यही सत्य है, जिसे जग जानता है।

बिटिया

बिटिया जो होती है,
वो चहकती है, दमकती है।
बंद पुड़िया में टॉफी-सी होती है,
मिट्टी की सोंधी खुशबू-सी,
तुलसी-सी पवित्र होती है।

घर-आँगन में इत्र-सी महकती है,
हर कोने में रोशनी-सी चमकती है।
उसकी हँसी से दीवारें भी मुस्कुरा उठती हैं,
और उसकी मौजूदगी से घर भी मुस्काता है।

बिटिया जो होती है,
वो सच में परियों-सी होती है।
बिटिया घर की रौनक होती है,
कंगन की खनखनाहट होती है ।
पायल की रुनझुन में जैसे
खुशियों की आहट होती है।

हवा के झोंके जैसी हल्की होती है,
आसमान-सी विशाल, गहरी होती है।
समंदर की गहराई जैसी सच्ची होती है,
बेटियाँ तो सच में ऐसी ही होती हैं।

बिटिया ईश्वर की सबसे प्यारी सौगात होती है,
दिल की धड़कन, जीवन की मिठास होती है।
माँ-बाप की आँखों की पहचान होती है,
बिटिया ही तो घर की मुस्कान होती है।

मेरी बेटी, मेरा गर्व

बिटिया पराई है, यह हमेशा सुना है,
पर मेरी बेटी ने मेरा यह भ्रम दूर किया है।

बेटी भी बेटे से कम नहीं होती,
उसने भी हमारा नाम रौशन किया है।

अपने बल पर मंज़िल पाई है,
समाज में भी अपनी जगह बनाई है।

सुबह सवेरे दफ़्तर को जाती है,
गोधूली बेला पर घर लौट कर आती है।

थकी हुई बेटी मेरी,
बेटे-सा हर फ़र्ज़ निभाती है।

जब भी हमें ज़रूरत होती है,
दौड़ी-दौड़ी चली आती है।

एक घर की शोभा बनकर,
दो कुलों का मान बढ़ाती है।

संस्कारों को अपने साथ लेकर,
नए सपनों को भी अपनाती है।

जहाँ जाती है, रिश्ते जोड़ती है,
अपनी समझ से घर को सजाती है।

बेटियाँ अपनी होती हैं,
अब पराई नहीं समझी जाती हैं।

माँ का आँचल, बेटे का संबल

सिर्फ बेटी ही नहीं, बेटा भी घर की शान होता है,
उसके होने से ही मुकम्मल माँ-बाप का अरमान होता है।
जब वह निकलता है घर से पढ़ाई या काम की खातिर,
माँ का व्याकुल दिल बस उसकी सलामती की दुआ करता है।

वह आँखों का तारा है, पिता का अभिमान भी,
पर माँ के लिए तो वह उसका पूरा जहान भी।
माँ के दिल में उसके लिए एक सुरक्षित कोना है,
जैसे तपती दुपहरी में शीतल छाँव का होना है।

वह कभी चिढ़ाता है, कभी सताता है,
पर बिन कहे ही मेरी हर जरूरत जान जाता है।
रसोई की खुशबू हो या घर का कोई काम,
उसके बिना हर कोना लगता है जैसे बेनाम।

जब वह शांति और समझदारी से अपनी बात कहता है,
तो छोटा होकर भी वह मेरा सबसे बड़ा संबल बनता है।
बहनों के लिए वह एक अटूट साया है,
जिसने हर रिश्ते को बड़ी आत्मीयता से निभाया है।

वक्त के साथ न जाने वह कब जिम्मेदार हो गया,
मेरा नन्हा सा बच्चा, कब मेरा सहारा हो गया।
उसके आने की खबर ही मन में उमंग भर देती है,
"आज क्या खास बनाऊँ?" यही सोच दिन गुजार देती है।

और जब जाने का वक्त करीब आता है,
एक खालीपन सा सीने में समा जाता है।
पर जब वह पहली कमाई से मेरे लिए तोहफा लाता है,
तब एक माँ का रोम-रोम तृप्त हो जाता है।

सफल हो जाता है जीवन और हर वो सपना,
जो उसे विदा करते वक्त आँखों में सजाया था।
वह बेटा नहीं, मेरा गौरव, मेरा विश्वास है,
मेरे जीवन का सबसे सुंदर और सुखद अहसास है

मेरा बेटा, मेरा अभिमान

बेटा मेरा सबसे न्यारा है,
पूरे घर की आँखों का तारा है।
जब मैं उसे “कन्हैया” बुलाऊँ,
तो हँसकर पूछे, “बताओ, काम क्या है?”

फिर मुस्कुराकर कहता है,
“वैसे तो मैं पागल, गधू
और न जाने क्या-क्या हूँ,
पर अगर आपका कोई काम हो,
तो मैं कन्हैया हूँ।”

वो और मैं, दोनों हँसकर रह जाते हैं,
मेरी ही नज़र न लगे,
इसलिए ऐसे ही उसे पुकारती हूँ।
वरना वो जानता है,
उसी की वजह से
मेरी आँखों में चमक है।

एक दिन उसी के नाम से
हमारी पहचान बनेगी,
और उसी की मुस्कान में
हमारी भी ख़ुशी झलेगी।
सौभाग्यशाली हैं वो माँ-बाप,
जो अपने बच्चों से जाने जाते हैं।

मेरा बेटा, मेरा अभिमान।
उसे देखकर गर्व होता है,
हर दुआ में उसका नाम होता है।
जो बेटा माँ-बाप की शान बने,
वही तो सच्चा प्यारा बच्चा होता है।

रिश्ते

रिश्ते तितली की तरह होते हैं,
जितनी मजबूती से पकड़ोगे,
उतनी ही दूर उड़ जाएँगे।
बस थोड़ा सहज रहो,
तो वो खुद-ब-खुद
हथेलियों पर आकर बैठ जाएँगे।

रिश्ते फूलों की तरह होते हैं,
रोज़ तोड़ोगे तो मुरझा जाएँगे।
समय पर पानी और स्नेह मिले,
तो सहेजे हुए रिश्ते
खुशबू बनकर चारों ओर फैल जाएँगे।

रिश्ते पतंग की तरह होते हैं।
अगर डोर कस कर पकड़ोगे,
तो कट जाएँगे, उड़ान रुक जाएगी।
थोड़ी-सी ढील मिले,
तो वे ऊँचाई छू लेंगे,
हवा में अपने रंग बिखेर जाएँगे।

रिश्ते चिराग की तरह होते हैं।
अगर उन्हें दबा कर रखोगे,
तो उनका प्रकाश बुझ जाएगा।
थोड़ी-सी हवा और प्यार मिले,

तो धीरे-धीरे वो चमकेंगे
और अँधेरे में राह दिखाएँगे।

रिश्ते माँ-बच्चे के जैसे होते हैं।
अगर आँचल से बाँधकर रखोगे,
तो उड़ना न सीख पाएँगे।
थोड़ी-सी ढील मिलते ही,
वही बच्चे
आसमान को छू जाएँगे।

रिश्तों की उम्र पकड़ से नहीं,
समझ और स्नेह से बढ़ती है।
जितनी आज़ादी दो,
उतने ही मज़बूत रिश्ते बनते हैं।

रिश्तों का नया आयाम

ईश्वर की यह मोह-माया कोई समझ नहीं पाया।
सोचा था बच्चे रहेंगे पास,
पर परिंदे अपने पर फैलाते हैं
और उड़ ही जाते हैं।

क्या औक़ात हमारी है
जो पलट दें ईश्वर का क़ानून।
कभी पढ़ाई, कभी नौकरी के नाम पर
बच्चे हो गए हमेशा दूर।

हम भी कभी हुए थे अलग,
न समझ सके माँ–बाप की टीस को।
आज जब खुद बने माँ–बाप,
वही दर्द हमारी रगों में उतर आया।

पहले के माँ-बाप ने शायद ज़्यादा सहा होगा।
सिर्फ़ चिट्ठियों और पत्रों में अपने सुख-दुख बयां किया होगा।
चेहरे देखने को तरसते रहे होंगे,
आँखों में प्यास और दिल में इंतज़ार लिए होंगे।

पर आज का दौर सच में निराला है,
तकनीक ने जीवन को कितना आसान बना डाला है।
मोबाइल से अपनों से हर पल जुड़ जाते हैं,
और बच्चों के संग भी मीठे पल सजा लेते हैं।

फिर यही एहसास दिल को सुकून दे जाता है।
बच्चे भले ही दूर हों,
अब उतने दूर नहीं लगते।
प्यार की डोर ने तकनीकी राह पकड़ ली है,
जो दूरी में भी नज़दीकी का एहसास दिलाती है।

यही है आज का वरदान,
यही है रिश्तों का नया आयाम।

अहसासः बुढ़ापा और सम्मान

समय से पहले उन्हें 'बूढ़ा' न कहो।
जब हम माता-पिता को 'उम्रदराज़' कहने लगते हैं,
तो याद रहे, वे उम्र से नहीं, हमारे शब्दों से थकने लगते हैं।

अहसास-ए-कमी उनके जहन में मत जगाओ।
समय से पहले उन्हें बुढ़ापे की दहलीज़ पर न बिठाओ।

"अब आपसे यह नहीं होगा" कहकर उनका हौसला न तोड़ो।
उनका हाथ थामे रखो, अपनों से मुँह न मोड़ो।

जिन्होंने उंगली थामकर हमें पथ पर चलना सिखाया,
आज उन्हीं पर क्रोध का साया क्यों है छाया?

हम कितने भी व्यस्त हों, वे आज भी ढाल बनकर खड़े हैं।
हमारी खुशियों की खातिर, वे अपनी उम्र से लड़े हैं।

अपनी हर पीड़ा, हर थकान वे हँसकर भुला देते हैं।
हमारी मामूली जरूरतों में भी अपनी जी-जान लगा देते हैं।

निस्वार्थ प्रेम का ऐसा दरिया फिर कहीं न मिलेगा।
उनके बिना जीवन का यह उपवन फिर कभी न खिलेगा।

अभी वक्त है, उन्हें 'बेचारा' और 'बूढ़ा' कहना छोड़ दो।
उनके अनुभव और अगाध प्रेम से अपना नाता जोड़ लो।

गृहिणी, एक अनकही कहानी

सभी गृहिणियों की एक ही कहानी है।
होठों पर चुप्पी, और आँखों में पानी है।

काम करते हुए भी सुनती रहती हैं,
आँचल से अश्रु पोंछती रहती हैं।

कमी बस एक ही है।
कमाई उनकी नहीं, पर सब कुछ देती हैं।

पति के तानों संग यूँ ज़िंदगी गुज़ारती हैं,
मानो ज़िंदगी उनकी अपनी नहीं,
किसी और की कहानी है।

फिर भी वही सुबह सबसे पहले उठ जाती हैं,
हर चेहरे पर मुस्कान सजाती हैं।

थक कर भी कहती हैं, "मैं ठीक हूँ",
हर हाल में अपना फ़र्ज़ निभाती हैं।

सपनों को अपने भीतर दबा कर रखती हैं,
पर दूसरों के सपनों को पूरा करती हैं।

हर छोटे पल में प्यार बिखेरती हैं,
और अनकही मेहनत से घर को रोशन करती हैं।

कभी उनकी तारीफ़ कम होती है,
पर उनका धैर्य अनमोल है।

सच्ची ताकत यही होती है,
जो बिना आवाज़ किए, सबकुछ संभाल लेती हैं।

दो तन, एक मन

पति-पत्नी का रिश्ता सबसे अनोखा, सबसे निराला होता है,
जो प्रेम की डोर और सात पवित्र वचनों से बँधा होता है।
यह केवल साथ चलने का नाम नहीं,
यह दो आत्माओं का एक-दूसरे में ढल जाना होता है।
तन, मन और धन-सब कुछ अर्पण हो जाता है,
अपने नाम के साथ जीवनसाथी का नाम जुड़ जाता है।
एक-दूसरे की खुशी में अपनी मुस्कान ढूँढ लेते हैं,
और पीड़ा में भी साथ निभाने का साहस पा जाते हैं।
सुख-दुख की हर राह पर क़दम से क़दम मिलाकर चलते हैं,
जैसे दिया और बाती,एक बिना दूसरे के अधूरा लगता है।
प्यार की डोर यूँ थामे रहते हैं,
जैसे भँवरा फूल की डाली से बँधा रहता है।
दो तन होते हैं, पर मन एक हो जाता है,
हर निर्णय, हर सपना साझा हो जाता है।
विधाता ने जैसे दोनों की किस्मत
एक ही लकीर में, एक ही स्याही से लिख दी हो।
मिलकर प्यार का आशियाना बनाते हैं,
विश्वास की नींव पर जीवन सजाते हैं।
हर उलझन, हर कठिन मोड़
प्रेम और समर्पण से सुलझाते हैं।
यही तो रिश्ता है -
जहाँ "मैं" धीरे-धीरे "हम" बन जाता है,
और जीवन,
साथ निभाने की एक सुंदर कहानी बन जाता है।

उम्मीदों का बोझ

आज समझ में आया,
झगड़ा ये सब, उम्मीदों ने सजाया।

माता-पिता प्यार करते हैं जी-जान से,
कर्तव्य निभाते हैं पूरे अभिमान से।
पर कभी-कभी वही ममता प्यारी,
उम्मीदों के बोझ में बदल जाती भारी।

उनकी यह उम्मीद–
बच्चे समझेंगे कभी उनकी बात।
हमने भी मानी थी अपनी माता-पिता की बात,
अब वे भी सुनेंगे हमारी बात।

पर उम्मीदों के धागे बाँधकर,
कभी बढ़ जाती है दिलों में दूरी की रात।

बच्चे भी असमंजस में–
उम्मीदों पर खरे उतरें,
या अपना कल संवारें?

छोटे दिल फँस जाते हैं बीच राहों में,
कभी न समझ पाते सही और गलत की चाहों में।

माता-पिता करें कर्तव्य पालन,
बिना किसी अपेक्षा के,
जैसे चिराग जलता है
बिना किसी तकलीफ़ के।

बच्चों का भी कर्तव्य है निभाना—
संस्कारों को आगे बढ़ाना,
मेहनत और ईमानदारी से,
आसमान के तारे छू जाना।

जब कदम बढ़ेंगे लक्ष्य की ओर,
रोशन होगा परिवार का गौरव।
सपने होंगे पूरे,
जिंदगी संवर जाएगी,
घर-परिवार भी चमकेगा—
और शायद...उम्मीदों का बोझ भी हल्का हो जाए

बचपन, बोझ और आज़ादी

माँ-बाप की पीड़ा सबको नज़र आती है,
पर क्या बच्चों की चुप सिसकी कोई सुन पाता है?

वे बचपन की हँसी कहीं छोड़ आते हैं,
उम्मीदों के बोझ तले पलते,
और चुपचाप बड़े हो जाते हैं।

अल्हड़ सपनों को जेब में समेट,
उम्र से पहले समझदारी ओढ़ लेते हैं।

परिवार का मान बढ़ाने की चाह में,
अनकहे दबाव रोज़ सह लेते हैं।

जीत की दौड़ में भागते-भागते,
अपने नाज़ुक कंधों पर बोझ उठाते हैं।

माँ-बाप कहते हैं–
"हमने तुम्हारे लिए क्या-क्या किया,"
और बच्चे,
प्यार की एक नज़र को तरस जाते हैं।

तानों की धूप, उलझनों की छाँव,
कांटों भरे रास्तों से गुजरता हर एक पाँव।

कैसे दिखाएँ अपनी चुप चीख, अपनी जंग,
जब हर पल प्रतियोगिता का शोर है संग?

मेहनत वही करते हैं, नाम वही कमाते हैं,
फिर भी उम्र भर एहसास दिलवाए जाते हैं–
"हमने तुम्हारे लिए बहुत कुछ किया।"

बस इतनी–सी गुज़ारिश है:
अपनी ख़्वाहिशों का बोझ बच्चों पर मत रखो।
जो किया, अपनी खुशी से किया–
अब एहसान बनाकर मत रखो।

एक उम्र के बाद उन्हें भी आज़ादी दो,
अपने ढंग से चलने दो,
अपने सफ़र को जीने दो।

उम्मीद

उम्मीद हो तो बिगड़े काम भी सँवर जाते हैं,
बुझी हुई लौ में फिर से चिराग जल जाते हैं।

उम्मीद हो तो अंधेरे में भी रौशनी उतर आती है,
हर हारे हुए दिल में फिर से चाहत जग जाती है।

उम्मीद हो तो सपनों के ख्वाब भी पूरे हो जाते हैं,
काँटों भरे रास्ते भी गुलाबों में बदल जाते हैं।

उम्मीद हो तो निराशा भी मुस्कुराने लगती है,
ज़िंदगी फिर से नए रंग सजाने लगती है।

उम्मीद ही तो है जो जीवन का आधार बन जाती है,
हर थके हुए मन को आगे बढ़ने की राह दिखाती है।

उम्मीद हो तो गिरकर भी फिर से उठना आसान हो जाता है,
हर ठोकर में सीख और साहस छुपा मिलता है।

उम्मीद हो तो अकेलेपन में भी साथी मिल जाते हैं,
हर खाली पल में संगीत और हँसी सज जाते हैं।

उम्मीद हो तो पतझड़ में भी वसंत का अहसास होता है,
हर खोए हुए ख्वाब में फिर से नया प्रकाश खिल जाता है।

उम्मीद ही है जो दिलों को जोड़ती है,
सपनों को पंख देती है,
और जीवन को अर्थ और रोशनी से भर देती है।

यादों का आशियाना

घर स्वर्ग सा सुंदर है, जहाँ माँ-बाप का साया है,
बचपन की कहानियाँ हैं, और खुशियों का सरमाया है।
जवानी की ज़िंदादिली और बहते झरने सा पानी है,
इस घर के हर एक कोने में छिपी कोई पुरानी कहानी है।

दीवारों पर जैसे स्मृतियों का इतिहास लिखा हो,
सूरज की किरणों से रोशन, हर एक कोना सिला हो।
कोने-कोने में महकती यादें, जैसे खिलते फूल हों,
जहाँ कदम रखते ही मन के सब दर्द और गम धूल हो।

रसोई से उठती खुशबू, माँ के ममता भरे हाथों का स्वाद है,
आँगन में गूँजती हँसी, जैसे बचपन का कोई मधुर संवाद है।
पिता की डाँट में छिपी फिक्र, और भाई-बहन का दुलार है,
यह छोटा सा आशियाना ही, मेरा पूरा संसार है।

बरामदे की गहरी खामोशी में आज भी दादी की दुआएँ बसती हैं,
जो छत पर जाकर अक्सर तारों संग बातें करती हैं।
उनकी कहानियों की मीठी लोरी आज भी कानों में गूँजती है,
घर की हर एक चीज़, जैसे हमसे ही कुछ पूछती है।

यह घर महज ईंट-पत्थर का बना कोई ढांचा नहीं,
यह तो प्रेम, त्याग और अपनेपन का एक खजाना है।
दुनिया भर की थकान के बाद, जो सुकून की नींद दे,
वही तो मेरा प्यारा और सबसे सुंदर ठिकाना है।

थोड़ा-सा खुद पर भी हक़

कुछ रौनक खुद से भी होती है,
कभी-कभी मुस्कुरा लिया करो।
हर बात में कौन तुम्हारी पसंद पूछेगा?
कभी अपनी पसंद का भी पका लिया करो।

कोई नहीं कहेगा कि
"सारा दिन काम करके थक गई हो"—
इसलिए कभी अपनी ही सुनकर
थोड़ा आराम कर लिया करो।

दिल मायूस हो, दर्द भर जाए—
तो आँखों से उसे बह जाने दिया करो।
जब हँसी के मौके आएँ,
ठहाका लगाकर मुस्कुराया करो।

खुद को इतना भी मत संभालकर रखो।
मन हो भीगने का—
तो कभी-कभी बारिश में भीग जाया करो।

कुछ नया सीखने के लिए
किसी की अनुमति नहीं चाहिए—
थोड़ा बहुत अपने मन का भी किया करो।

और कौन कहता है
दिल मिलाने को बहुत कुछ करना पड़ता है?
कम से कम हाथ तो मिलाया करो।

जैसा मन वैसी दुनिया

ज़िंदगी तो खुद में बेहद खूबसूरत और सरल है,
पर जाने क्यों उलझनें अचानक दरवाज़ा खटखटा देती हैं।

भगवान ने हमें सौंदर्य, बुद्धि और हर नेमत से भर दिया है,
फिर भी समझ नहीं आता–
यह बेअकली और घबराहट
कहाँ से मन में जगह बना लेती है।

कभी लगता है कि दुनिया ग़मों से भरी पड़ी है,
और कभी ऐसा कि हर ओर सिर्फ़ खुशियाँ ही मुस्कुरा रही हैं।

शायद ज़िंदगी से हमारा रिश्ता ही कुछ ऐसा है–
जैसा मन महसूस करता है,
वैसी ही दुनिया हमें दिखाई देती है।

लेकिन उम्मीद और प्रेम की नजर से देखो,
हर उलझन भी कुछ सिखा जाती है,
और हर कठिनाई के बाद
सूरज की किरण फिर से मुस्कुरा देती है।

जीवन को सार्थक बनाओ

सत्य यही है–
एक दिन यह देह राख हो जाएगी,
मिट्टी में मिलकर मिट्टी ही कहलाएगी।
तो क्यों न कुछ ऐसा काम किया जाए,
कि जाने के बाद भी नाम अमर हो जाए।

या तो ऐसा लिखो कि दुनिया पढ़ने को मजबूर हो,
या ऐसा कर जाओ कि हर जुबां पर तुम्हारा जिक्र जरूर हो।
इतिहास के पन्नों में नाम ऐसा दर्ज कर जाओ,
कि दुनिया कहे– "काश! वह शख्स फिर लौट आए।"

समाज की नजरों में काम छोटा हो या बड़ा,
फर्क नहीं पड़ता, बस उसमें नेक इरादा हो जुड़ा।
सार्थकता पद या प्रतिष्ठा पाने में नहीं,
किसी के बुझते चिराग को रोशन करने में है।

हर दिन एक नया संकल्प लें,
शब्दों से नहीं, कर्मों से मिसाल दें।
जिंदगी सिर्फ गुजारने के लिए नहीं,
दूसरों के दिलों में यादें छोड़ जाने के लिए है।

दुनिया: एक खुली किताब

घर की चौखट लांघी तो जाना, ये दुनिया अजूबों से भरी पड़ी है,
पूर्ण यहाँ कुछ भी नहीं, हर चीज़ में कोई कमी जड़ी है।

कहीं अधूरापन खलता है, तो कहीं खामी ही निखार है,
इस दुनिया को करीब से देखो, तो ये ज्ञान का विस्तार है।

कुछ हालात से सीखा, कुछ अनुभव को समझा,
इस जग को मैंने एक चलता-फिरता पुस्तकालय जाना।

समर्पण का भाव हृदय में रख, विनम्रता को चुना,
हर शख्स से, हर मोड़ से, मैंने ज्ञान का ताना-बाना बुना।

यहाँ न कुछ पूर्णतः पावन है, न ही कुछ पूर्णतः बुरा,
सच्चाई के कई रंग हैं, न कोई आधा, न कोई पूरा।

यह तो बस नज़रिये का खेल है, देखने की बात है,
किसी के लिए जो तपती धूप, किसी के लिए वही सुहानी रात है।

जो तुम्हारी कसौटी पर गलत है, जो तुम्हें रास नहीं आता,
शायद वही किसी की मजबूरी हो, या जीने का इकलौता नाता।

दूसरों के संघर्षों को बिना जाने, कोई राय न बनाओ,
हर जीवन की अपनी कहानी है, बस अपनी सोच बढ़ाओ।

कमियाँ तलाशना छोड़, खूबियों को पहचानना सीखो,
जो जैसा है, उसे उसी सादगी से अपनाना सीखो।

मिले जो भी जीवन के सफर में, उसे दुआ समझकर स्वीकार करो,
हर इंसान से, हर अनुभव से, बस थोड़ा और प्यार करो।

जीवन के रंग

सुख और दुख जीवन में यूँ ही नहीं आते,
ये वे पड़ाव हैं जो जीवन में अनेक रंग भरते।

जब दुख आता है,
दिन–रात भारी लगते हैं,
मन बेचैन रहता है,
सब कुछ थम-सा जाता है।

हर पल घबराहट का साया उतर आता है,
और रोज़मर्रा की खुशियाँ भी दूर-सी लगने लगती हैं।

लेकिन जब सुख आता है,
जीवन को नया आकार और चमक मिलती है।
दिन–रात छोटे लगने लगते हैं,
मन में उत्साह भर जाता है,
हर क्षण हल्का और प्यारा महसूस होता है।

यदि जीवन की दिनचर्या सदा एक-सी रहती,
तो अनुभवों का मूल्य कैसे समझ पाते?
इसलिए जब दुख रूपी बादल छाए हैं,
विश्वास रखो–वर्षा रूपी सुख भी अवश्य बरसेगा।

कभी धूप, कभी छाँव–
यही जीवन की छवि है।

हर कठिनाई, हर चुनौती,
एक सीख छुपाए होती है।

जो धैर्य और साहस के साथ झेलता है,
वह सुख की असली मिठास को समझ पाता है।

जीवन के हर रंग में छुपा है अनुभव,
हर मुस्कान, हर आँसू,
हर चोट, हर जीत—
ये सभी मिलकर बनाते हैं जीवन को पूर्ण और सुंदर।

तो जब भी दुख आए,
मन में घबराहट मत आने दो।
क्योंकि उसके बाद
खुशी की किरण फिर मुस्कुराएगी।

सपने, उम्मीदें, विश्वास—
ये हैं जीवन की असली दौलत।
हर पल, हर क्षण,
इनके संग जीवन खिल उठता है।

किरदार की खुशबू

जीवन के इस सफ़र में, आना-जाना लगा रहता है,
वक्त की इस बहती नदी में, हर कोई बहता रहता है।
राह में मिलते हैं यूँ तो अनगिनत चेहरे हमें,
पर कोई विरला ही यादों में, अमिट छाप छोड़ जाता है।

सालों-साल गोष्ठियों में, फिर उनका ज़िक्र होता है,
उनकी बातों, उनके किस्सों का, गहरा असर होता है।
यादों की खुशबू में उनका, एहसास ज़िंदा रहता है,
उनका व्यक्तित्व ही दुनिया में, उनका परिचय कहता है।

अपना व्यवहार तुम ऐसा, सादगी भरा और सच्चा रखो,
कि हर दिल में अपने लिए, मासूम सा प्रेम रखो।
सिर्फ तुम्हारे सामने ही नहीं, दुनिया पीठ पीछे भी मिसाल दे,
तुम्हारी शराफ़त, तुम्हारी सादगी, हर सवाल का जवाब दे।

लोग कहें दिल से कि– "वाह! क्या शख्सियत थी उनकी,
महज इंसान नहीं, वो तो चलती-फिरती इंसानियत थी उनकी।"
जो हर किसी को देता था, दिल से प्यार और सम्मान,
वही असल में कहलाता है, इस जग में महान।

दोस्ती का सौभाग्य

जीवन में जितने भी दोस्त मिले,
सब ही बहुत अज़ीज़ रहे।
सभी से मिला अपनापन,
ना कोई शिकवा , ना कोई शिकन।

मैं खुद को मानूँ सौभाग्यशाली,
जो मिला उनका सच्चा साथ,
दूर रहकर भी वे पास रहे,
हर मोड़ पर, हर एक बात।

न रोज़ बातें होती हैं अब,
न चिट्ठी-पत्री का आना-जाना,
फिर भी दिल में कोई शिकायत नहीं,
ना कोई कसक, ना कोई बहाना।

तो जानो और यह समझ लो,
व्यवहार ही रिश्तों की पहचान,
जैसा तुम्हें दूसरों से मिले,
वैसा ही आगे बढ़ाना मान।

यह आदान-प्रदान का सुंदर क्रम,
जो रिश्तों को मजबूत बनाता है,
और बच्चों के मन में भी आगे चलकर,
एक उजली राह दिखाता है।

माँ का इंतज़ार

माँ का दिल भी अजीब होता है–
बच्चों का इंतज़ार करता है,
सोचता है कि वे आएँगे
तो ये बनाऊँगी, वो करूँगी।

पर जब बच्चे घर पहुँचते हैं,
तभी घर की भागदौड़ शुरू हो जाती है।
आधा समय तो
सोचने–समझने में ही निकल जाता है;
जो थोड़ा समय बचता है,
उसमें कुछ न कुछ तो बन ही जाता है।

ये भी कैसी विडंबना है–
कभी-कभी इस पर
हँसी भी आ जाती है।
आज बेटा आने वाला था।
उसने कहा, "मा, पुलाव बना देना।"

मैंने जवाब दिया,
"आज एकादशी है, नहीं बन सकता बेटा...
कल ज़रूर बनाऊँगी।"
बस, फ़रमाइश यहीं खत्म हो गई।
अब घर में दाल और आलू ही थे–
सो वही बनाऊँगी।

दाल चूल्हे पर चढ़ी है,
आलू छिलते हुए
मन में फिर वही ख़याल है–
काश आज एकादशी न होती।

पर माँ का मन
तिथियों से नहीं,
बच्चों की पसंद से चलता है।
थाली सजाते हुए भी
दिल एक उम्मीद सँजोए रखता है

कल पुलाव ज़रूर बनाऊँगी।
बच्चों की जब तक ख़्वाहिश पूरी न करूँ,
मैं भला खुद को
अच्छी माँ कैसे कहलाऊँगी।

जीवन का सच्चा धन

खुशियों भरा समय, चुटकी में निकल जाता है।
और दुख की एक रात, सदियों सी लगती है।

वो खुशक़िस्मत हैं जिन्हें सब कुछ मिला,
चाहे थोड़ा ही क्यों न मिला।

पर पूछिए ज़रा उनसे जनाब,
जिन्होंने कमी में भी जीना सीखा।

वही असल में जानते हैं,
कम और ज़्यादा का अंतर क्या होता है।

यदि आप प्रकृति का सुंदर रूप देख सकते हैं,
पंछियों की चहक सुन सकते हैं,
तो यकीनन आप—सच में आनंदित हैं।

सबसे बड़ी खुशक़िस्मती तो यह है,
कि आपमें प्रेम देने और पाने की क्षमता है।

यदि मन में संतोष, रूह में शांति है,
तो समझिए आप सच में धन्य हैं।

अगर सर पर छत, तन पर कपड़ा,
थाली में रोटी है,

तो हर शिकायत अपने आप छोटी लगती है।

संतान सुसंस्कारी हैं, मन में सुविचार,
परिवार में हंसी और अपनापन है।
तो मान लीजिए–
आप दुनिया के सबसे अमीर इंसान हैं।

यही वो असली खुशक़िस्मती है,
जिसे न दौलत से खरीदा जा सकता है,
न किसी बड़ी उपलब्धि से मापा जा सकता है।

भीड़ के बीच अनकहे अनुभव

मुझ पर एयरपोर्ट का रंग सजा था,
लोगों का हर ओर जमावड़ा था।
कोई अकेला, कोई परिवार के संग,
किसी के मन में हर्ष, किसी में संकोच का ढंग।

किसी की पहली उड़ान का रोमांच,
किसी को कई सफ़रों का अनुभव था।
भीड़ में एक नवयुवक नज़र आया,
शायद पहली बार सफ़र को सजाया।

बाहर पत्नी खड़ी विदा को आई थी,
आँखों में चिंता और नमी समाई थी।
युवक अंदर जाकर भी हिलाता रहा हाथ,
जबतक ना बंद हुआ दरवाज़े का पल्ला साथ।

वो स्त्री वहीं खड़ी टकटकी लगाए,
मन शायद सौ बातों में उलझाए।
यही तो प्रेम की अनकही डोर है,
दूरी में भी जो दिलों के बीच जोड़ है।

मैं उस पल को समझ सकी गहराई से,
कभी गुजर चुकी हूँ इन ही परछाइयों से।
हर दिल ये लम्हा कभी ना कभी सहता है–
कभी सफ़र अकेला, कभी परिवार संग रहता है।

आँखों में चमक, कंधों पर बोझ

अमीरी और गरीबी के बीच वाकई एक गहरी खाई है।
आज अर्बन कंपनी से एक हेल्पर बुलाई,
और उसी पल यह खाई मुझे और साफ दिखाई दी।

बातों-बातों में उम्र पूछी तो बोली—"उन्नीस।"
आवाज़ में ठहराव था, आँखों में चमक।
उम्र छोटी...
पर ज़िम्मेदारियाँ बहुत बड़ी।

काम में निपुण,
हर काम मेहनत और ईमानदारी से करती हुई।
फिर भी उसकी आँखों में
एक अनकही मजबूरी साफ झलक रही थी।

मजबूरी इंसान से वह सब करवा लेती है
जो उम्र से पहले नहीं करना चाहिए।
यह तो पढ़ने की उम्र है,
सपने बुनने की उम्र है।

पर वह घर-घर जाकर
ज़िंदगी की ज़रूरतें पूरी कर रही है।

और दूसरी ओर—
अनेक संपन्न परिवारों के बच्चे

उन्नीस क्या,
पच्चीस तक भी
ज़िम्मेदारियों की कठोर सच्चाई से दूर रहते हैं।

पढ़ाई, शौक, घूमना–
यही उनकी दुनिया होती है।

आज सच में महसूस हुआ–
अमीर और गरीब बच्चों का बचपन
एक-सा नहीं होता।

उनके सपनों का रंग भी अलग होता है,
उनकी जिम्मेदारियों का भार भी अलग।
अंतर... बहुत बड़ा है।

शायद यही फर्क है–
किसी के सपने उम्र के साथ पंख फैलाते हैं,
और किसी के सपने
उम्र से पहले ही
बोझ बन जाते हैं।

अति और संतुलन

अति किसी भी चीज़ की अच्छी नहीं होती।
कम बोलना कभी-कभी चुभता है,
और ज़्यादा बोलना
बातों का बवंडर बना देता है।

कम हँसना, कम बोलना भी नहीं भाता,
और ज़्यादा हँसना
फूहड़ता कहलाता है।
अति किसी भी चीज़ की अच्छी नहीं होती,
संतुलन में रहना ही सदा उचित होता है।

मैंने अपने अनुभव से जाना है—
मैं बहुत वाचाल हूँ,
और कभी-कभी यही वाचालता
मुझ पर ही भारी पड़ जाती है।

कहने का अर्थ वह नहीं होता,
जो समझ लिया जाता है।
बातों का बतंगड़ बन जाता है,
और अर्थ का अनर्थ हो जाता है।

शब्द निकल जाएँ तो
वापस नहीं आते,
और कभी-कभी

रिश्तों पर भी
खरोंच छोड़ जाते हैं।

न मौन हर बार समझदारी है,
न हर शब्द आवश्यक होता है।
जहाँ रुक जाना चाहिए,
वहीं असली विवेक होता है।

जीवन भी तो
एक तराज़ू की तरह है–
एक पल इधर झुका,
तो अगला पल उधर डगमगा जाता है।

इसलिए हर सोच,
हर भावना,
हर अभिव्यक्ति में
माप और मर्यादा ज़रूरी है।

क्योंकि
अति से उलझन बढ़ती है,
और संतुलन से
जीवन सरल बनता है।

मौन से मुखर तक: चार पीढ़ियों का सफर

मैंने चार पीढ़ियों को करीब से गुज़रते देखा है–
दादी-बाबा, मम्मी-पापा,
खुद का दौर, और अब अपने बच्चों को खिलते देखा है।
वो दादी-बाबा का दौर था,
जहाँ प्यार तो था, पर मर्यादा की ओट में,
भावनाएँ अक्सर छिपी रहती थीं, मौन की चोट में।
दूरी सम्मान थी, और खामोशी ही संस्कार था।
फिर हमारा और माँ-बाप का दौर आया,
थोड़ा खुलापन मिला, थोड़ा संकोच साथ लाया।
मन की बातें होंठों तक तो आईं,
पर कुछ अनकही सी झिझक, हमेशा दरमियाँ छाई।
आज मैं एक माँ हूँ,
और देख रही हूँ इस नई पीढ़ी का सवेरा।
यहाँ झिझक को कोई जगह नहीं,
जो मन में उठता है, वो लफ़्ज़ों में सज जाता है,
बिना किसी पर्दे के, हर जज़्बात बयाँ हो जाता है।
वक्त बदल गया, तरीके बदल गए-पीढ़ियों के बीच का फासला अपनी जगह रहा,
पर हर दौर में प्यार अपनी राह ढूँढता रहा।
कल तक जो मौन था, आज वही मुखर है,
पर अहसास वही है-उतना ही सच्चा, उतना ही गहरा।

एकल और संयुक्त परिवार का महत्व

एकल परिवार और संयुक्त परिवार–
दोनों का है अपना ही सम्मान।
दोनों में छिपा है सुख का संसार,
बस नज़र का होता है अंतर, पहचान।

एकल परिवार में माँ-बाप और बच्चे,
जहाँ बच्चे ही होते हैं उनकी धड़कन सच्चे।
माँ-बाप का पूरा ध्यान रहता है उन्हीं पर,
हर पल सोचते हैं उनके उजले कल पर।

पढ़ाते हैं, सिखाते हैं जी-जान से,
बिगड़ने नहीं देते प्यार के मान से।
हर छोटी बात पर रखते हैं नज़र,
बच्चों की खुशियों में बसता है उनका घर।

संयुक्त परिवार-जहाँ दादा-दादी,
चाचा-चाची, ताऊ-ताई सब साथ-साथ।
जहाँ मिलता है प्यार भी और डाँट भी,
चलते हैं जीवन के रंग अनेक साथ-साथ।

यहाँ सभी अपने हैं, कोई पराया नहीं,
हर दिल में बसता है अपनापन यहीं।
सुबह कब निकल जाती है, पता ही नहीं चलता,

शाम कब ढल जाती है, किसी को नहीं लगता।

माँ-बाप की डाँट से बचने के लिए,
बच्चे दादा-दादी के पीछे छिप जाते हैं हँसते हुए।
यह तो एक अनूठा संगम है प्यार का,
जो मिलता है केवल संयुक्त परिवार में सच्चा।

इसलिए चाहे हो एकल परिवार या संयुक्त परिवार का संसार,
दोनों का है अपना ही अधिकार।
एक सिखाता जिम्मेदारी और अनुशासन का पाठ,
तो दूसरा देता प्यार, अपनापन और साथ।

वटवृक्ष

घर में बड़ों का होना,
किसी विशाल वटवृक्ष के समान है—
जिसकी घनी और शीतल छाँव में,
हम जीवन की हर धूप और तपन से बच जाते हैं।
आज के इस दौर में,
एकाकी जीवन भले ही सबको भाता है,
पर उसमें वह सुरक्षा और सुकून कहाँ,
जो अपनों की छत्रछाया में आता है।

सरलता में वास्तविकता

सब कुछ हमारे पास होता है,
बस सरलता का अभाव होता है।
सरल होना इतना सहज है,
कि इसमें किसी का कुछ भी नहीं जाता है।

कहीं सुना था–
एक इंसान इतना सरल था,
कि भोग लगाते वक्त भगवान को पुकारता रहता था।
उसे पता ही नहीं था कि भगवान तो आते ही नहीं हैं,
पर उसने भी हठ ठानी थी–
भगवान को उसकी सरलता के आगे झुकना पड़ा था।

तो हमारी क्या औकात है?
सरल बनने के लिए सरल रहना पड़ता है।
यह कोई कमजोरी नहीं,
बल्कि वह संस्कार है जो हमारे पूर्व कर्मों से हमें मिलता है।

सरलता लोगों का दिल जीत लेती है,
मानवता को प्रदर्शित करती है।
तो आइए–
जीवन में सरलता को अपनाएँ,
ज़मीन से जुड़े रहें,और आसमान भी छू जाएँ।

ज़िंदगी-सहेली या पहेली

ये ज़िंदगी कभी सहेली, कभी पहेली लगती है,
कभी सुलझी, तो कभी अनसुलझी कहानी लगती है।

जब सब कुछ अच्छा चलता है, तो अपनी-सी लगती है,
पर परिस्थिति विपरीत हो, तो बोझ-सी बन जाती है।

बहुतों ने लिखा है इस ज़िंदगी पर,
सबका अपना-अपना नज़रिया है।

पर सच तो यह है कि ईश्वर की दी हुई,
यह ज़िंदगी एक अनमोल तोहफ़ा है।

तो जीओ इसे पूरे उत्साह से,
पूरी करो अपनी ख़्वाहिशें।

खुश रखो लोगों को, अपने आसपास के
हँसो और हँसाओ दिल से, बिना किसी अपेक्षा के।

इस ज़िंदगी को जियो पूरे विश्वास के साथ–
यही है इस कविता का सच्चा सारांश।

एकांत का वैभव

एक एकांत–जो बहुत खलता है,
दूसरा एकांत–जिसमें अकेले बैठने में आनंद आता है।

यह तो हमारा जीवन है,
हमें ही तय करना है

अकेले क्यों बैठना, अगर जी घबराता है?
कोई न कोई शौक पालो, इसमें क्या जाता है!

आपका जो एकांत है–
वही तो वह क्षण है,
जब इंसान सोच-विचार में डूबा होता है,
कुदरत का नज़ारा देखता है,
और उसे पता ही नहीं चलता
कि वह अकेला नहीं–
बल्कि अपने आप में पूर्ण हो जाता है।

वह पार्क में बैठा कुदरत का नज़ारा देखता है,
कभी रंग-बिरंगे फूलों और भौंरों को निहारता है,
तो कभी झूलों पर खेलते बच्चों को देख मुस्कुराता है,
कभी बहती हवा से मन की थकान उतारता है।

वह टहलते हुए बुज़ुर्गों और नवयुवाओं को देखता है,
धीरे-धीरे समय का एहसास ही खो देता है।

उसे पता ही नहीं चलता
कि कब वह अपने ही ख़यालों में खो जाता है।

तो अब ज़रा सोचिए,
क्या अपनाना है—
अकेलापन, जो खलता है,
या एकांत, जो सुकून देता है।

अल्हड़पन फिर से

आज पार्क में छोटे बच्चों को देखा–
हाथ में माचिस की तीली और एक पटाखा।
आपस में बात कर रहे थे,
"तू जला सकती है क्या?"

जब उनकी बातें कानों तक पहुँचीं,
मन में तुरंत चिंता हुई–
कहीं ये नन्हें बच्चे जल न जाएँ।
मैंने पूछा, "क्या जलाना चाहते हो?"
उन्होंने हाँ में सिर हिलाया।
मैं मुस्कुराई और बोली,
"दूर हट जाओ, मैं जलाती हूँ।"

जैसे ही तीली लगाई,
पटाखा चरखी की तरह घूमने लगा,
और उसे देखकर
मेरा मन भी बच्चे जैसा उछल पड़ा।

उस क्षण लगा–
आज भी वही अल्हड़पन,
वही मासूम बचपना
मेरे भीतर कहीं गहराई में जिंदा है।

उम्र भले बढ़ती जाए,

सोच भी परिपक्व होती जाए,
पर कहीं न कहीं,
वही शरारतें,
वही छोटी-छोटी मस्तियाँ
दिल के किसी कोने में
अब भी मुस्कुराती रहती हैं।

छोटा होकर भी ख़ास

जो जितना छोटा होता है,
वो उतनी ही ख़ास जगह पाता है।

सूखी धरती, छोटी कोंपल–
एक नन्हीं-सी उम्मीद उगाए,
सूखे में जीवन का संचार कर जाए।

जिस तरह सुई का काम
तलवार नहीं कर पाए,
छोटी-सी सुई धागा पिरोए,
टूटे को जोड़े, नई शुरुआत बनाए।

उसी तरह–
एक छोटी-सी उम्मीद की किरण
क्या नहीं कर जाए!
मरते हुए इंसान में भी
जान फूँक जाए।

एक छोटी-सी चिंगारी
क्या नहीं कर जाए,
जंगलों में आग लगा जाए।

एक छोटा-सा बीज
ना जाने क्या कर जाए,

समय आने पर
वो वटवृक्ष बन जाए।

एक छोटी-सी मदद
क्या नहीं कर जाए,
समाज के दिलों में
मानवता जगा जाए।

वही नन्ही आस, जो हाथ थामे है,
सहारे की शक्ति बन, ज़िंदगी सँवारे है।

छोटा होकर भी, हर कोई है ख़ास,
बस ज़रूरत है-उस पर विश्वास।

संतोष का मूल्य

सब कुछ पाया जीवन में,
पर संतोष हाथ नहीं आया।

शब्द है छोटा, पर अर्थ है गहरा,
जिसने समझा, वही जीवन का सच्चा सहारा पाया।

जिसने अपनाया इसे जीवन में,
उसे कोई कमी नहीं रहती।
ना चाहतों का शोर,
ना मन की तन्हाई सताती।

अगर घर छोटा है–
पर दिल में संतोष है,
तो वही घर महल बन जाता है।
जहाँ प्रेम और अपनापन बसता है,
वही जीवन सफल कहलाता है।

यही तो समस्या है इंसान की–
कभी खुद से, कभी दूसरों से संतुष्ट नहीं।
हर बार कुछ और पाने की चाहत,
हर बार नया सपना, नई राहत।

पर सच्चाई यही है,
कि संतोष ही सबसे बड़ा धन है।

जिसके पास यह है,
वो हर हाल में सुखी और धन्य है।

छोटी-सी इल्तिज़ा

ये छोटी-सी इल्तिज़ा है हमारी,
दो-चार घड़ी के लिए समय निकाला करो।
साथी का हाथ हाथों में थामकर,
दिन कैसे बिताया पूछ लिया करो

इतना सुनते ही वो भाव-विभोर हो जाएँगे,
आँखों से अश्रु की लड़ियाँ बहने लग जाएँगी।
शब्दों में झलकेगा अपनापन प्यारा,
ओर मौन भी कुछ कह जाएगा दोबारा।

सखा भाव

बहुत उपदेश देते और सुनते हैं–
धैर्य रखो, उल्टा मत बोलो,
ग़ुस्से को काबू में रखो
और सोच-समझकर बोलो।

पर पता नहीं ये सारे गुण
कहाँ खो जाते हैं,
जब मियाँ-बीवी
आपस में मनमुटाव कर जाते हैं।

बात-बात पर "तू-तू, मैं-मैं",
और दोनों
मानसिक उलझनों में
उलझते चले जाते हैं।

जो जवानी से लेकर बुढ़ापे तक
साथ तो रहते हैं,
पर कभी-कभी
एक-दूसरे को पूरी तरह
समझ नहीं पाते हैं।

सखा-भाव रखो एक-दूसरे से–
इसमें ही सच्ची समझदारी है,
यही तो

अपनी सबसे बड़ी ज़िम्मेदारी है।

रिश्ता ऐसा हो
जहाँ प्यार हो, अपनापन हो,
और ऐसा अपनापन हो
जहाँ शब्दों को
बोलने से पहले
तौलना न पड़े।

वाणी का प्रभाव

सुबह उठते ही मुख से
राम-राम, हरी, ओम कहो।
दिनभर बोलो मधुर शब्द,
करकश वाणी से बचो।

बिस्तर पर जब तुम जाओ,
शुभ रात्रि का राग सुनाओ।
मन में शांति, मुख पर प्यार–
यही है जीवन का सच्चा सार।

यह वाणी केवल शब्द नहीं,
आत्मा का प्रतिबिंब है।
एक ऐसी शक्ति है,
जो रिश्तों को जोड़े रखती है–
इसलिए इसका सदुपयोग करो।

प्रेम और संयम से बोलो,
तो कठोर परिस्थितियाँ भी
झुक जाती हैं।
समाज में हमारी पहचान
इसी से बनती है,
और यही वाणी
जीवन की असली शक्ति है।

हर पल का मोल

काल करे सो आज कर, आज करे सो अब,
पल में परलय होएगी, बहुरि करेगा कब।

तो ध्यान दो हर पल पर,
पता नहीं कब क्या घटित हो जाए।
ये जीवन–चक्र है साहब,
पता नहीं कब खत्म हो जाए।

कोई रूठे हों तो उन्हें मना लो,
कोई बिछड़े हों तो उन्हें बुला लो।
उन्हें प्यार से गले लगा लो,
कल पर इसे टालो ना।

जैसे रेत फिसलती है मुठ्ठी से,
वैसे ही वक्त भी फिसल जाता है।
जो करना है, अभी कर लो,
कल का भरोसा रह कहाँ पाता है।

जीवन है अनमोल खजाना, इसे गँवाना ना।
काल करे सो आज कर, आज करे सो अब,
जीवन अनमोल है साथी, इसे गँवाना ना।

प्रेम का धागा

रहिमन धागा प्रेम का, मत तोड़ो चटकाय,
टूटे फिर ना जुड़ सके, जुडे तो गांठ पड़ जाए |

कभी यही गांठ भी जीवन का शुभ संकेत देती है,
बंधन की डोर मज़बूत कर, साथ निभाने की रीति कहती है।

नवविवाहित जब सात फेरे लेते हैं,
दुपट्टों की गांठ में सात जन्मों का वादा बुनते हैं।

हर बात के दो पहलू होते—नकारात्मक और सकारात्मक,
सोच का चुनाव हमारा है, और चुनाव ही बनाता जीवन रचनात्मक।

तो ध्यान न देना ऐसी गांठों पर जो जीवन को उलझाती हैं,
ध्यान देना ऐसी गांठों पर जो रिश्तों में प्रेम की डोर बन जाती हैं।

जीवन एक जल की धारा है,

जीवन एक जल की धारा है,
बस बहते जाना है।
कितनी भी मुश्किलें आएँ,
नाव को पार लगाना है।

ना पीछे कुछ देखना है,
ना आगे की सोच में खोना है।
बस आज में जीते जाना है,
जीवन एक जल की धारा है।

कोई अपना है, कोई पराया है,
यह दुनिया बस मोह-माया है।
भीड़ में खुद को बचाना है,
जीवन एक जल की धारा है।

कितने आए, कितने चले गए हैं,
पार कोई किसी को न पाया है।
फिर भी अंतिम लक्ष्य सभी का एक ही है,
जीवन एक जल की धारा है।

मन की उड़ान, आदतों के साथ

कोई न कोई आदत अपनाओ,
जीवन को नया आयाम दिलाओ।
फुरसत के हर पल का मान करो,
ख़ुद को निखारो, समय का सदुपयोग करो

किसी को नृत्य की लय भाती है,
किसी को ढोलक सुहाती है।
कोई पेंटिंग में रंग सजाता है,
कोई क्रोशे बुनकर मन बहलाता है।

घर सजाकर कोई मुस्काता है,
नौकरी में कोई रमता है।
हर शौक का रूप निराला है,
हर मन का रंग मतवाला है।

व्यस्त रहने से मन नहीं घबराता है,
बुढ़ापा कोसों दूर चला जाता है।
समय जल्दी कट जाता है,
और गुजरते लम्हों का एहसास भी नहीं होता है।

पचास के बाद की ज़िंदगी क्या होती है,
ये मैं तुम्हें बतलाती हूँ।
तितलियाँ कैसे उड़ती हैं,
ये मैं आज दिखलाती हूँ।

जिससे दिल उल्लास से भर उठे,
वो सब कुछ कर डालो तुम।
सपनों में रंग भरो,
और उन्हें पूरा कर डालो तुम।

दुनिया का क्या है,
कुछ न कुछ कहती रहती है।
जिससे अपना और समाज का भला हो,
वो काम कर डालो तुम।

अभी तक घर-परिवार के लिए जिए हो,
अब तो अपनी बारी है।
ऐसा कुछ कर जाना है,
जिसमें अपनी हिस्सेदारी है।

यूँ तो सभी जिया करते हैं,
यह मानव-जनम अनमोल है।
मरने के बाद भी जब कोई याद करे,
ऐसा कुछ कर जाना है।

बस जिसमें शौक हो, वही अपनाना है,
एक अच्छी आदत को जीवन का हिस्सा बनाना है।

कला ही मेरा योग

कभी किसी ने कहा था मुझसे—
क्यों डुबोती हो आँखें
इन रंगों और भावों में?
ईश्वर का ध्यान करो, योग करो,
कभी-कभी भजन और मनन भी किया करो।

क्या लाई हो, क्या ले जाओगी?
सिर्फ़ उनके चरणों में
ध्यान लगाया करो।

मैं चुप रही उस पल,
क्योंकि शब्द जैसे
कहीं खो गए थे।

पर मन ने धीमे से कहा—
कला के प्रति मेरा प्रेम ही मेरा योग है।
जिसमें डूबकर मुझे
ईश्वर की निकटता का आभास होता है।

जब सृजन करती हूँ—
तो लगता है जैसे साक्षात वही
मेरे भीतर रच रहा हो,
गढ़ रहा हो, बह रहा हो।

और जब इसे छोड़ दूँ,
तो मन उदास, निस्तेज, निराश हो जाता है।

क्योंकि मेरे लिए–
कला ही साधना है,
कला ही ध्यान है,
कला ही ईश्वर तक पहुँचने का मार्ग है।

सुबह की चाय

एक प्याली सुबह की चाय में–
कुटी अदरक, इलायची की महक समाई,
क्या जादू है इसमें, क्या बात बताई!

"उठो, सबेरा हो गया है,"
कानों में मिठास घोल जाती है।
चाय वही स्फूर्ति भर देती है,
जैसे पेट्रोल कार में जान डाल जाती है।

उसी जोश से ज़िंदगी दौड़ जाती है,
जैसे कार सड़कों पर सरकती जाती है।
सुबह की चाय अपनों को पास बुलाती है,
अंगनाई में अपनापन घोल जाती है।

पूरे दिन के कामों का विचार बना डालती है,
और चेहरे पर मुस्कान सजा जाती है।
यूँ तो चाय हर किसी को भाती है,
पर सुबह की चाय–
सबकी ज़िंदगी में भर देती है
मुस्कान, रफ़्तार और रौनक!

कला और उड़ान

मैं एक उड़ती चिड़िया हूँ,
रफ्तार बदलती रहती हूँ।
कभी लिखती, कभी पढ़ती,
कभी सिलाई, कभी कढ़ाई करती हूँ।

कला की कई राहें मेरी,
कहीं टिकती नहीं, यही हैं खुशियाँ मेरी।
हर नई चीज़ में खो जाती,
यही तो है जिन्दगी की मिठास मेरी।

घर सजाती, फूलों सा खिलती,
हर पल अपनी खुशियों में मिलती।
मेरे अपने कहते हैं—“कहीं तो रुको, कहीं तो ठहरो।”
पर मैं हवा से बातें करती,
क्योंकि मैं वह चिड़िया हूँ,
जो किसी के हाथ नहीं आती।

हर कला में उड़ती, हर रंग में मुस्काती,
इस बदलतेपन में जीवन की मस्ती पाती।
मैं वही चिड़िया हूँ,
जो रफ्तार बदलती रहती हूँ।

जल बचाओ, जीवन बचाओ

होंठों की प्यास को जो तृप्त करे,
सूखी धरती को भी हरा भरा करे,
वही अमृत–सा निर्मल जल,
प्रकृति का सबसे कोमल, सबसे पावन अंचल।

पर अब जल पर संकट छाया,
उसका स्वच्छ रूप कहीं खो-सा गया।
गंदगी ने प्रवाह रोक डाला,
जीव-जंतुओं का अस्तित्व हिला डाला।

तालाब सूखे, झीलें वीरान,
प्रदूषण ने छीना इनका सम्मान।
बूंद-बूंद पर अब संकट भारी,
धरती सुनाए अपने दुख की पारी।

अब समय है जाग उठने का,
प्रकृति से अपना नाता निभाने का।
हाथों में हाथ मिलाकर चलने का,
हर तालाब-झील को फिर से जीवन देने का।

संरक्षण ही है धर्म हमारा,
जल बचाकर बचाए संसार सारा।
क्योंकि जल के बिना कहाँ प्राण,
जल बचाना ही धरती का सच्चा सम्मान।

विनम्रता का सौंदर्य

घमंड से सिर न उठाओ,
विनम्रता से इंसानियत निभाओ।
इंसान को इंसान ही रहने दो,
किसी को ईश्वर के बराबर न बिठाओ।

अक्सर फल से लदे पेड़ झुक जाते हैं,
अपनी विनम्रता का परिचय दे जाते हैं।
और जो झुकना नहीं जानते,
अक्सर हवाएँ उनका रुख मोड़ जाती हैं।

औहदा चाहे कुछ भी हो,
इंसान को इंसान ही समझो।
धरती से जुड़े रहो,
तो आसमान भी छू जाओ।

जहाँ तक हो सके,
मदद का हाथ बढ़ाओ।
पानी सा मिट्टी में मिलकर
सोंधी खुशबू बन, हवा में घुल जाओ।

पानी में ठहराव न आने दो,
बहते निर्मल जल-सा बन जाओ।
अपने अच्छे आचरण से
इस धरती को स्वर्ग बनाओ।

स्वयं से संवाद

ख़ुद से दोस्ती करना सीख लो,
शख़्सियत अपने आप निखर जाएगी।
जो ज़मीन अब तक बंजर पड़ी थी,
उस पर भी नई बहार आ जाएगी।

ख़ुद में कमियाँ ढूँढना सीख लो,
उन्हें सुधारने की कोशिश भी करो।
तबीयत फिर सँवर जाएगी,
ज़िंदगी मुस्कुराना सीख जाएगी।

रोज़ थोड़ा-सा ख़ुद को तराशो,
तो सीरत भी बदल जाएगी।
सच्चे मन से ख़ुद को संवारोगे,
तो क़िस्मत भी मुस्कुरा जाएगी।

मुकाम पाने की चाह में मेहनत करो,
मंज़िल ख़ुद-ब-ख़ुद पास आ जाएगी।
लगन और विश्वास साथ रखोगे,
तो राह भी आसान बन जाएगी।

माता-पिता का सम्मान करना सीख लो,
जन्नत वहीं मिल जाएगी।
ख़ुशनुमा माहौल बनाकर रखोगे,
महफ़िल ख़ुद ही सज जाएगी।

प्रकृति से प्रेरणा

दिल में एक सवाल उठता है,
क्यों हम इतने निर्भर रहते हैं दूसरों पर?
क्यों न प्रेरणा लें हम प्रकृति से,
जो हमें खुद-ब-ख़ुद सीख देती है?

सूरज सुबह उगता है,
दिन ढले तो छिप जाता है–
कोई अलार्म नहीं,
फिर भी समय पर आता है।

चंद्रमा रात को रोशनी करता है,
पथ को जगमगाता है–
कोई न्योता नहीं भेजता,
न कोई हाथ बढ़ाता है।

हवा बहती है, नदी बहती है,
पत्ते अपने रंग बदलते हैं,
बिना किसी आदेश के, बिना किसी इंतजार के,
प्रकृति खुद को संवारती रहती है।

पर्वत अपनी ऊँचाई पर खड़ा रहता है,
तूफ़ान आए तो झुके नहीं,
बिना किसी तारीफ़ या सहारे के,
सिर्फ़ खुद पर भरोसा रखता है।

पेड़ अपने फल देता है,
संग-साथ छाँव भी देता है–
कोई उसे आज़माता नहीं,
कोई उसे सिखाता नहीं।

हमें भी चाहिए यह आत्म-विश्वास,
ख़ुद को तराशने की लगन,
सपनों को साकार करने की इच्छा,
और अपने मार्ग को स्वयं प्रकाशित करने की शक्ति।

कुदरती उदाहरण हमें सिखाते हैं–
प्रेरणा लो, खुद को बनाओ,
निखारो अपना स्वभाव,
सृजन करो अपना जीवन, अपने ही से।

एक ऐसी सुबह निराली

एक ऐसी सुबह निराली हो,
जहाँ अरुणोदय की लाली हो,
पारिजात फूलों से भरी क्यारी हो,
ओस की बूँदें पत्तियों पर ठहरी हों,
तितलियाँ और भँवरे फूलों पर मँडराते हों।

हर किसी के मुख पर "राम-राम" और "राधा-श्याम" हो,
बड़ों को प्रणाम और बच्चों को दुलार हो,
गौ माता को जहाँ रोटी मिले,
घर-आँगन में सदा ऐसी खुशहाली हो।

चूड़ियों की खनक हो और पायल की रुनझुन हो,
सिक्कों की खनक हो और मन में बस प्रीत हो,
संगीत, भक्ति और आनंद से भरी हो,
एक ऐसी सुबह सचमुच निराली हो।

कोई भूखा न जाए घर से, ऐसे हम किस्मत वाले हों,
अनाथों के नाथ हो तुम प्रभु,
भक्ति, करुणा और दया से जगमगाता हर हृदय हो,
एक ऐसी सुबह हरदम निराली हो।

सपनों जैसी शाम

सुबह की मैं क्या बात करूँ,
एक शाम भी ऐसी निराली हो,
जहाँ जगमग जलते दीपक हों,
और हर शाम जैसे दिवाली हो।

मंदिरों और आँगन में बजे घंटियों की ध्वनि,
धूप और अगरबत्ती की महक संग-संग चली,
तुलसी के पत्तों के आगे जलता हुआ दिया हो,
एक ऐसी शाम हो, ममता भरी और निराली।

गोधूलि की बेला पर घर लौटे सभी,
किसी का मन हो न निराश कभी,
हर दिल में उमंगों की बौछार हो,
और घर का हर कोना आशा से प्रकाशमान हो।

जहाँ बुज़ुर्ग और बच्चे भोजन करें सभी
जहाँ हँसी की किलकारियाँ गूँजें चहूं ओर,
जहाँ एक-दूसरे की बातें और भावनाएँ मानी जाती हो,
ऐसी ही हर शाम हो, जिसे हर कोई मनाए हमेशा।

अयोध्या की भक्ति

पिछले साल पूरी हुई मेरी मनोकामना,
अयोध्या पहुँची, मन में थी आराधना।

स्टेशन पर देखा – ज़्यादातर सभी ने कहा,
“यह भूमि है राम की,” और दंडवत प्रणाम किया।

मैंने भी झुकाया सिर श्रद्धा के संग,
भर गई मन में भक्ति और उमंग।

जब मंदिर के द्वार पहुँची मैं,
आँखों में आँसू, मन में रौशनी छाई।

रामलीला के दर्शन से लगा यही –
जीवन की सबसे बड़ी दौलत पाई।

साधुओं और भक्तों के संग बिताया हर पल,
हर नज़र, हर शब्द मुझे जीवन की शिक्षा दे गया।

भक्ति और आस्था का यह अनुभव
मेरा मन और आत्मा दोनों समृद्ध कर गया।

श्रीकृष्ण - हर रूप में परम प्रेम

किसी के लला, किसी के भ्रात,
किसी के सखा, किसी के नाथ।
जो जिस रूप में उन्हें पुकारे,
वो उसी रूप में दर्शन धारे।

सोलह कलाओं से परिपूर्ण स्वरूप,
मधुर बंसी की मोहक धुन रूप।
चराते गाएँ, हँसते मुस्काते,
प्रेम का सागर जग में बहाते।

जब कोई न सुधरे, तो चक्र उठाते,
धर्म की खातिर रण में आते।
अर्जुन के सारथी बन जाते,
कर्म का संदेश सबको सुनाते।

द्रौपदी की लाज बचाते सभा में,
कर्ण से कवच-कुंडल माँगते प्रेम भाव में।
भीष्म से मृत्यु का रहस्य जानें,
पांडवों संग वचन निभाने।

ऐसे हैं ये श्रीकृष्ण भगवान,
दया के सागर, प्रेम का गान।
जो जिस रूप में उन्हें पुकारे,
वो उसी रूप में दर्शन धारे।

www.ingramcontent.com/pod-product-compliance
Lightning Source LLC
La Vergne TN
LVHW010834051026
849532LV00007B/2697
* 9 7 8 9 3 7 5 1 0 2 9 5 3 *